AF603413

Pieces Contenuës en Ce Volume

LE FRERE QUESTEUR.

HISTOIRE GALANTE,

Ecrite par lui-même.

L'Amour gît sous le Froc, comme sous la Couronne.

QUE DE L'ARSENAL

A LONDRES.

1756.

A

*MADEMOISELLE B***.*

MADEMOISELLE,

Recevez un Ouvrage fait exprès pour vous : peut-on manquer de réussir lorsqu'on est guidé par un dessein aussi précieux ? Que je serois heureux, s'il pouvoit vous plaire ! Mon travail seroit payé mille fois plus qu'il ne vaut. Votre suffrage me comblera de gloire, & ma satisfaction sera parfaite, s'il a le don de vous amuser. Je vous consacrerois dans la suite toutes mes veilles, pour tâcher de fournir à vos momens perdus de quoi les occuper par une lecture gracieuse; j'ai crû, que de tous les témoignages que je vous ai donnés jusqu'à présent de mon tendre attachement, je ne pouvois vous en offrir un plus sensible que l'hommage des fruits de ma plume.

Je ne louerai ni médirai de mon Ouvrage, comme font presque tous les Auteurs, parce que ce ſeroit vous forcer à en parler avantageuſement, ou vous diſpoſer à m'accorder quelque indulgence ; je ne vous en dirai rien du tout. Je veux que vous le jugiez ſans partialité. Vous êtes capable d'en connoître les défauts ; ainſi je vous demande votre déciſion en amie éclairée, & judicieuſe. Puiſque je ſuis aſſez fortuné pour poſſéder un cœur auſſi rempli de vertus que le vôtre, votre jugement ſera pour moi plus reſpectable qu'aucun ; j'y ſouſcrirai avec une obéiſſance unique, & j'aimerois mieux me condamner à un ſilence éternel que de vous ennuyer un ſeul inſtant de votre vie. Soyez *assuree, Mademoiselle, de la fidélité de mon aveu, de même que de la vive amitié que vous a deja juré tant de fois, & que vous jure encore à présent celui qui se dira jusqu'au dernier de ses jours*

Le plus fidéle & le
plus affectionné
de vos amis,
Le Ch. de R. ***.

LE FRERE QUESTEUR.

JE n'ai pas à faire une longue dissertation sur ma naissance, le titre seul de mon Histoire l'annonce; j'en dirai néanmoins deux mots, crainte que l'on ne pense que je sorte d'un sang vil & méprisable.

Ma famille étoit, de pere

en fils, dévouée, depuis plusieurs siécles, aux pénibles soins de l'Agriculture : j'avois mon pere & ma mere qui tenoient une Ferme assez considérable dans un Village éloigné de huit à neuf lieues de cette célébre Ville, où la Seine vient apporter son abondance.

J'avois deux freres qui soulageoient mon pere dans ses travaux; quant à ma mere, elle s'occupoit uniquement aux soins du bétail. Leur amour pour nous n'avoit aucune distinction.

J'étois encore fort jeune; je voyois qu'ils m'élevoient

dans le dessein de me faire embrasser le même état ; j'avois pour lui une répugnance extrême : sitôt que j'eus atteint l'âge où la raison commence à éclairer l'esprit, c'est-à-dire, quinze ou seize ans, je fis des réflexions ; j'examinai la dureté de la vie que mes parens menoient ; je considérai qu'ils se donnoient des maux à l'infini, & travailloient comme des forçats, dès que l'Aurore venoit répandre sur la terre la douceur de ses rayons, jusqu'à ce que les ombres de la nuit vinssent les dissiper, sans en grossir davantage leur fortune. Je faisois aussi attention à la groſſiereté de leur nourriture : du pain noir & peſant, des légumes fort communs, & du laitage compoſoient tous leurs mets.

Un de mes parens, Récolet dans un Couvent, à peu de diſtance de la Ferme de mon pere, dont la fortune & la vie des pere & mere étoient égales à celle des miens, venoit fort ſouvent chez eux ; j'allois auſſi le voir de tems à autre. L'embonpoint qui régnoit ſur toute ſa perſonne, annonce certaine d'une vie tranquille, & bien nourrie, m'inſpira ces réflexions, & me fournit l'idée de prendre l'état Monaſtique.

Je ne choisis point son Ordre, il me déplaisoit, tant par les habillemens, que parce que ces Religieux font leur demeure dans les forêts, ou les campagnes les plus isolées : pour moi j'aimois mieux la Ville, & les lieux où l'on pouvoit avoir quelque commerce avec le genre humain ; je me décidai pour celui de Cordelier. Je fis un retour sur moi-même, avant que d'en parler à mes parens ; je consultai bien mon cœur : ma résolution s'affermit, & je leur en fis part. Leur tendresse naturelle les y fit consentir avec peine.

Je sortis de la maison paternelle, après avoir donné à toute ma famille les marques les plus tendres de mon attachement; elle arrosa mon départ de quelques larmes. Cette scene me toucha, mais j'étouffai du mieux que je pus mon émotion.

Je partis le lendemain avec mon pere de très-bon matin: pendant toute la route, il m'entretint de sages morales, & me fit les observations auxquelles un pere, plus consommé par l'usage du monde, est obligé. Je les écoutai, je les reçus, & j'y répondis avec respect; mais voyant que j'étois inébranlable dans ma résolution, il ne voulut plus s'y opposer. Je sentois que ce pauvre pere ne m'y laissoit obéir qu'avec amertume.

Nous arrivames, & nous portames sur le champ nos pas au Couvent, nous demandames à parler au Supérieur; il parut.

Mon pere, & moi, après l'avoir salué respectueusement nous lui expliquames le sujet de notre visite; il nous accueillit parfaitement; il me combla d'amitiés; bref, il m'admit dès ce jour dans le nombre de ses ouailles.

J'embrassai mon pere; quelques larmes qui coulerent

ſur ſon viſage de mes yeux lui prouverent mon tendre amour, le ſien ſe manifeſta de la même maniere, & nous nous ſéparames. Cruelle ſéparation ! qu'un pareil moment eſt douloureux pour un enfant qui chérit ſincerement un pere qui uſe de répréſailles !

Ce Révérend Pere me conduiſit dans mon logement ; il me fit apporter les habits de l'Ordre ; je quittai les miens, & les endoſſai auſſi-tôt ; on les enleva ; l'enlevement ne m'en fut point ſenſible, étant une trop vive image des fatigues qui accompagnent ma naiſſance.

J'entrai dans le cours des exercices, & des fonctions du Noviciat ; je les remplis avec assiduité ; je passai ce tems tranquillement, je veux dire, sans qu'il m'arrivât rien qui mérite d'être mis dans mon Histoire. Il s'écoula insensiblement, & je touchai enfin au jour fatal de mes vœux. Toute ma famille en fut avertie ; elle y assista.

Peu de jours après l'on me distribua mes occupations. La Charge de Portier me fut dévolue ; ce fut la premiere qui devint vacante, par la mort de celui qui l'occupoit : comme il ne falloit pas grand mérite pour en remplir les fonctions, je m'acquittai de ce poſte à merveille.

Le Supérieur s'attacha pendant ce tems à connoître mes bonnes qualités. Il ſentit que j'étois propre pour quelque place plus importante. L'eſprit, le corps, la figure, tout en moi ſe développoit de jour en jour; je n'avois plus cet air lourd, & groſſier de la campagne; je devins auſſi policé, que ſi je fus né dans le centre de la Ville la plus civiliſée. Le Supérieur, dis-je, fut toujours plus attentif à m'étudier, & reconnut que j'étois un vrai tréſor pour un Couvent.

Il

Il y avoit peut-être tout au plus trois mois que j'exerçois la Charge de Portier que l'on eut beſoin d'un Frere Quêteur. Le Supérieur jetta les yeux ſur moi, & me nomma à cet Office; il ſe douta que j'étois un homme à faire pleuvoir l'or & l'argent dans une Communauté : auſſi ne ſe trompa-t-il pas.

J'avois un caractere, & un eſprit propres pour cet emploi; j'aurois fait ouvrir la bourſe la plus avare. Pour les femmes, j'étois ſûr qu'elles me déploiroient la leur ſans réſiſtance, étant d'une taille, & d'une phiſionomie à gagner le cœur de la plus farouche.

Je profitai si bien, sous l'exemple de mes confreres, que je devins un des plus dégourdis, & des plus beaux hommes de mon Couvent; j'avois des yeux, dont la vivacité auroit subjugué toutes les inhumaines de l'Uunivers.

L'on m'accusera peut-être, non-seulement de fatuité, mais encore d'impertinence, de faire mon tableau sous des couleurs aussi avantageuses; n'importe, l'on en pensera ce qu'on jugera à propos, mais je veux parler au juste, & dire les choses telles qu'elles sont. Que l'on me critique, que l'on me fronde, ſi l'on veut, je n'en continuerai pas moins ma route, ſans m'écarter d'un ſeul pas.

Il eſt certain que je dois à ces heureux avantages (j'aurois plus lieu de leur donner l'épithete de funeſtes) les aventures qui me ſont arrivées pendant ma vie : ſi le Ciel m'eut partagé d'un eſprit bizarre, d'une figure hideuſe, & d'un corps mal tourné, elle en eut été plus paiſible, & ma vertu moins aſſiégée; quoi qu'à venir au point géométrique des femmes; l'eſprit, le caractere, & la figure ne ſont point les précieuſes qualités qu'elles cherchent dans notre ſexe : quelque choſe de plus intéreſſant fixe leur regard ; l'utile auprès d'elles a toujours le deſſus ſur l'agréable.

Je me ſuis éloigné pour un moment de mon but ; j'y reviens, c'eſt-à-dire, à mon emploi de Quêteur.

Nous étions quatre Freres ; nous partagions la Ville en quatre cantons. L'on me marqua le mien, & j'entrai dès le lendemain en exercice.

Je me fis connoître dans mon département pour le ſucceſſeur de celui que je remplaçois (ſoit dit en paſſant) il ne parut pas être fort regretté, ou ma présence effaça bien promptement sa mémoire.

Ma réception chez tout le monde fut, sans me flatter, des plus heureuse, excepté chez quelques personnes qui ont de famille, par droit d'héritage, une antipathie pour tout ce qui porte Froc, mais je leur rendois le change, & les passois rapidement.

La petite caisse dont j'étois porteur, étoit toujours copieusement fournie, tant de grosse que de petite monnoye : l'on me répandoit avec profusion les complimens, monnoye qui n'y entroit pas, elle reſtoit pour mon compte. Epoux, Epouſes, veuves, Filles, tout m'accabloit de politeſſes; je leur répondois ſur le même ton. J'empruntois néanmoins devant les maris un air benin & timide; je feignois même quelquefois de rougir des louanges qu'elles m'adreſſoient, & un ſilence reſpectueux étoit ſouvent ma réponſe ingénieuſe.

Afin de m'établir une excellente réputation, & m'attirer l'amitié des peres, & des meres, des maîtres & des maîtreſſes, je prodiguois les images, les Chapelets, les Agnus, & mille autres petits présens de cette nature aux enfans, & aux domestiques, à qui en avoit : en un mot voilà comme je jettois de la poussiere aux yeux de mon monde. Telle est aussi la façon dont un Frere Quêteur doit débuter pour être bien venu par tout ; je n'eus garde de manquer à cette générosité. Je semois peu pour recueillir beaucoup.

Un air doux, poli, & affable m'enchaîna tous les cœurs, sur-tout ceux de cet adorable sexe, mais je faisois l'aveugle sur cet article. L'une me jouoit de la prunelle, l'autre me disoit des gentillesses ; celle-ci m'agaçoit par des paroles équivoques, & celle-là me faiſoit des niches amoureuſes. Mes oreilles paroiſſoient être ſourdes, & mes yeux fermés à ces différens manéges.

J'avois principalement dans mon cercle une fourmiliere de Dévotes, qui me contemploient plus avidement que toutes autres, & me meſuroient de leurs regards depuis les pieds juſqu'à la tête; j'y liſois qu'elles me convoitoient furieuſement. Il n'étoit pas néceſſaire de les prier beaucoup pour obtenir l'aumône que je leur demandois; leur cœur étoit porté d'inclination à ne me rien refuser, de quelque nature que fussent mes demandes; mais j'étois trop jeune & trop simple encore pour en faire d'autres.

Mon département étoit outre cela pourvu d'une pépiniere de jolies personnes de tout âge, & de tout étage, ayant un teint frais, une taille faite à ravir, & des yeux pleins de feu.

Mon cœur se seroit bien décidé pour une de ces charmantes Nymphes; mais malheureusement elle étoit veillée de trop près, & tous les sentiers pour approcher d'elle étoient scrupuleusement fermés.

Enfin, il étoit décidé que je devois aimer ; je ſentois mon innocence s'affoiblir chaque jour, & l'amour prendre ſa place. Il ne tarda pas effectivement à en être ſeul le poſſeſſeur. Il me reſtoit encore de la timidité ; mais le tems ſe chargea de ſa défaite.

Une veuve, chef-d'œuvre de l'induſtrieuſe nature, dévote à l'extrême, arrêta ma vue ; elle étoit jeune ; elle pouvoit atteindre à ſa vingt-ſixiéme année, & moi j'étois à la chute de ma vingt-deuxiéme, âge charmant, & propre à ſéduire en général les ames de toutes les Dévotes. Cette veuve étoit aimable au possible; voici son portrait.

Elle portoit sur deux épaules bien proportionnées une tête de Reine; elle avoit un fron ttrès-ouvert, un sourcil noir & tracé à ravir faisoit sortir deux beaux yeux qui paroissant rouler avec nonchalance dans leur paupiere, lui donnoient un regard mourant; sur ses joues brilloient des couleurs aussi belles que celles de la rose que l'Aurore viendroit d'éclore; une blancheur aussi pure que celle du du lys, en relevoit l'éclat; deux lévres plus vermeilles que le corail augmentoient les charmes de ſa figure ; un col tourné avec art ſoutenoit cette tête admirable ; au-deſſous ſe préſentoit avec grace une gorge unique, & renfermant mille beautés, qui couronnoient tous ſes attraits ; deux globes ſans ceſſe agités, plus blancs & plus fermes que le marbre, mêloient avec ce tout leurs charmes ; je croirois que c'étoit-là la pomme dont Eve ſe ſervit pour tenter notre premier pere ; un pareil fruit eût fléchi l'âme la plus vertueuſe : achevons ſon tableau. Sa taille étoit parfaite, & jamais je n'en vis de mieux priſes : en un mot tout intéreſſoit infiniment en ſa faveur.

J'y obmetterai une beauté qui devroit être placée ici, parce que le pinceau le plus habile employeroit toute ſon éloquence pour la peindre, qu'il n'en pourroit venir à bout parfaitement. Le reſte de cet adorable corps n'en cédoit de rien à ce que je viens de décrire.

Les Graces qu'on repréſente toutes nues, ſont, traits pour traits, celle dont je parle: ainſi je ne peux mieux exprimer que par cette comparaiſon l'excellence de la béauté à qui mon cœur donna ſes premiers ſoupirs. Etoit-il un Prince, j'oſe dire un Roi même qui fût plus heureux que moi en pareil cas.

Je me tais ſur ſon eſprit, la raiſon en eſt bonne, c'eſt qu'on pourroit peut-être ne pas ajouter foi à ce que j'en dirois, me croyant partie incapable de juger de cette matiere; je craindrois qu'on ne me répondît qu'il me conviendroit mieux de parler Agriculture, partie dans laquelle je dois avoir, à dire vrai, plus de connoiſſance, y étant inſtruit dès mon berceau; mais on ne m'empêchera pas d'avancer que je trouvois beaucoup d'aiſance, de légéreté, & de délicateſſe dans ſa converſation; je ne ſçais s'il en faut davantage dans une femme pour avoir de l'esprit ; je pense cependant que non.

Sa beauté faisoit suivre ses pas par nombre de Courtisans, qui, à force d'être mal reçus, se retirerent & me laisserent sans rivaux ; je puis avouer aussi, sans trop de vanité, que je les effaçois tous par mille heureux avantages dont le Ciel avoit bien voulu me favoriser.

Cette veuve avoit un enfant, dont elle eut la tutelle à la mort de son mari, ce qui lui donna une fortune très-honnête, qui pouvoit monter à trois mille écus de rente ; mais elle n'en fut pas long-tems en possession : cet enfant vint à mourir, & elle fut restrainte par-là à un revenu plus modique. Il étoit suffisant pour une femme seule; ses charmes lui avoient procuré ce riche époux, dont elle fut séparée de très-bonne heure.

Cette veuve, qui paroîtra dans la suite de cette Histoire sous le nom de Madame de J... devint vivement amoureuse de moi; je ne l'étois pas moins d'elle. Mon état, & mon habit ne me permettoient pas d'ouvrir le premier mon cœur : si ma bouche étoit muette, mes yeux étoient son interprete, langage plus douloureux

loureux que ſoulageant; mes actions exprimoient encore plus qu'eux mon amour. En un mot tout en moi lui annonçoit la ſituation de mon cœur. Le martyre de Tantale qui mouroit de ſoif au milieu des eaux, n'étoit pas plus cruel que le mien. J'aimois, je me voyois aimé, & n'oſois le dire à celle qui avoit allumé le feu qui me dévoroit; étoit-il une conjoncture plus affligeante? Quiconque en aura éprouvé une ſemblable, jugera mieux de mon tourment.

Enfin Madame de J... s'apperçut de mon ſuplice, & elle

le soulagea en facilitant l'épanchement de mon cœur par celui du sien; nous nous fimes un aveu réciproque de nos sentimens; je restai ce jour là chez elle plus qu'à mon ordinaire, & après lui avoir juré mon amour le plus énergiquement qu'il me fut possible, je la quittai pour aller aux fonctions de mon emploi; & je m'en retournai au couvent le cœur plein de joie.

L'amour le plus pur m'animoit simplement, & aucune autre passion ne parloit en moi: ce qui n'étoit pas le fait de Madame de J.. J'étois encore trop novice & trop timide en amour pour aller plus loin. Elle étoit la premiere qui troubloit la paix de mon cœur, jusques-là innocent ; d'un autre côté un certain respect, dont je n'étois pas le maître, me guidoit dans mon penchant, & me fermoit la porte à toutes autres entreprises. Il faut convenir qu'un jeune homme est fort emprunté, lorsqu'il commence à aimer, & qu'il n'a aucune expérience dans la société des femmes.

Elle avoit lieu de se féliciter d'une conquête si rare dans un canton, où l'innocence d'un jeune cœur est toujours en guerre, & où il est presque impossible d'éviter le naufrage : vertu qui la faisoit d'autant plus souffrir, en ne satisfaisant point ses desirs.

Pour me faire connoître tacitement les démarches qu'elle souhaitoit que je fisse, elle me combloit d'amitiés ; elle prenoit les attitudes les plus touchantes, & les plus propres à mettre le feu dans mes veines chaque fois que j'allois chez elle. Mon sang petilloit, mais ma puérile timidité & mon respect imbécile éteignoient mon ardeur, & retardoient ma félicité avec la sienne.

Ma ſtupidité la fatigua, elle m'en témoigna un réfroidiſſement étonnant; j'en fus allarmé ; je la priai de m'en expliquer le ſujet, & voici ce qu'elle me dit d'un ton preſque en colere : Allez, vous ne méritez pas d'être ſi tendrement aimé, vous êtes inſenſible à mon amour, vous n'y répondez point comme vous le devriez ; j'ai préferé votre cœur dans mille qui m'étoient offerts, & vous payez mon choix de la plus inſigne ingratitude ; en un mot elle m'accabla de reproches, qui me furent d'une ſenſibilité difficile à définir. Je ne ſçavois d'où ils pouvoient provenir ; je rapprochai toutes mes actions ; je n'y trouvai rien cependant qui pût m'attirer ſa diſgrace.

Je la conjurai de m'apprendre par où j'avois eu le malheur de lui déplaire. Elle me répliqua que je ne lui déplaiſois point ; mais qu'elle doutoit de la ſincérité de mon affection par l'indifférence dont j'étois auprès d'elle, & que lorſqu'on aimoit véritablement, on en donnoit des marques plus certaines.

Ce diſcours étoit pour moi une énigme où je ne pouvois rien comprendre ; j'étois déſolé; je ne pûs reſter plus longtems avec elle : l'exercice de ma charge m'appelloit ; j'y courus, & je quittai Madame de J... le cœur dévoré de douleur.

Mille idées confuſes s'embaraſſoient dans ma tête; mon eſprit n'étoit point tranquile ; je me diligentai dans ma courſe; j'étois impatient de revenir au couvent pour examiner mes démarches paſſées. De retour, & les deniers, dont ma quête étoit tous les jours copieuſement fournie dépoſés, je me retirai dans ma chambre ; y étant, je me livrai aux réflexions. Là, je combinai les paroles de Madame de J... je les pesai avec attention, & je cherchai à en comprendre tout le sens, de même qu'à connoître quelles plus fotes preuves elle exigeoit de la réalité de ma flâmme. L'Amour pénétré de mon embarras, vint m'éclairer & m'instruisit.

J'attendis pour lors avec une impatience inexprimable le jour fortuné, où je devois lui parler, pour mettre la couronne qu'elle demandoit à ma tendresse.

Mon cœur jusqu'à ce moment ne fut susceptîle d'aucun repos, & mes yeux d'aucun ſommeil; mon imagination n'étoit abſolument occupée que du plaiſir que je me propoſois de goûter avec elle; les heures ne me paroiſſoient venir qu'à pas lents, l'aurore retarder ſon retour, & le ſéjour dans mon lit, éternel. Le tems néanmoins s'écoula peu à peu, & je touchai inſenſiblement à l'heure marquée pour aller à mes fonctions.

Mes pas furent ſur le champ portés chez Madame de J... le ſoleil venoit à peine d'entrer dans ſa courſe lorſque j'y arrivai. Je frappai. Une fille âgée compoſant tout ſon domeſtique mouvrit; je demandai à la voir, elle me fit réponse qu'elle n'étoit pas visible, la croyant encore entre les bras de Morphée. J'entrai néanmoins, prétextant que j'avois à traiter avec sa maîtresse d'une affaire intéressante; elle l'étoit en effet pour elle & pour moi.

Je passai donc dans l'appartement de Madame de J.. elle fut étonnée de me voir chez elle presque au lever de l'Aurore. Sa curiosité la porta bien-tôt à vouloir sçavoir ce qui m'amenoit : je lui confiai naturellement le chagrin où m'avoient plongé ses reproches; je lui ajoutai que je ne pouvois jamais être trop tôt à ses genoux pour l'assurer de ma passion, ayant le témoignage le plus parfait à lui en donner.

Elle m'ordonna de m'asseoir dans un fauteuil qui étoit à côté de son lit; je lui obéis: & pendant qu'elle me parloit, mes yeux faisoient l'examen des charmes qu'elle avoit dans cette posture; ils furent enchantés: Une Reine, dans un jour de cérémonie, parée de tous les brillans de la couronne, n'en auroit pas eu plus.

Une toilette galante, quoique sans art, augmentoit de nouveau sa beauté; sa gorge à demi couverte, où j'appercevois des graces ſans nombre, venoit frapper délicieuſement ma vûe ; un bras où la nature avoit employé toute ſon élégance pour le former, s'efforçoit de m'en dérober la perſpective ; mais il ne pouvoit en venir about, tout en elle étoit ſéduiſant.

Un feu qui ſe gliſſa rapidement juſques dans la plus foible de mes veines, me mit dans un tranſport inconcevable. La vertu la plus héroïque auroit échoué dans une circonſtance auſſi critique. Le Philoſophe le plus farouche ſe ſeroit humaniſé à l'aſpect d'une pareille beauté, & ſa philoſophie ſe ſeroit volontiers évanouie pour lui rendre les hommages qui lui étoient dûs ; je ne doute point qu'elle n'eût animé même un homme plus froid que le marbre : moi qui n'étois point, à beaucoup près, de cette trempe, étoit-il poſſible que je pûs me ſauver de l'orage ?

Enfin preſſé vivement par les cris de l'Amour, je ne pus réſiſter long-tems à ſon pouvoir ; il me fit hazarder d'abord un tendre baiſer ſur la main, qui ne fut point rejetté, un autre également reçu le ſuivit auſſi-tôt, & l'Amour fit le reſte.

Ce jour fut marqué par le plus grand des délices ; mon cœur se perdit dans un entousiasme suprême ; j'eus voulu ne point sortir d'entre les bras de Madame de J... mais le tems s'éclipsoit, & mon devoir m'appelloit.

Je la quittai beaucoup plus satisfaite de moi, qu'elle ne l'avoit été jusqu'à ce moment; elle ne douta pas davantage non plus des sentimens que je lui avois tant de fois protesté.

Mon retour fut plus tardif que de coutume ce jour-là ; le Supérieur ne m'en témoigna heureusement qu'un leger mécontentement : on paſſoit ſur bien des choſes, parce que j'étois la corne d'abondance du couvent. Ma petite caiſſe reſſembloit (proportion gardée) à celle d'un Fermier général ; elle étoit preſque toujours pleine, ſans néanmoins bleſſer la fortune de qui que ce ſoit : auſſi n'avoit-on point envie de me tirer de cet emploi pour m'en diſtribuer un autre ; j'en aurois été ſincérement très-mécontent : c'eſt ce qui ſoutint mon émulation. Je ne laiſſois pas que d'eſſuyer de la fatigue ; mais un coup d'œil de Madame de J.... m'en dédommageoit entiérement.

Depuis ma jouiſſance avec elle de ces plaiſirs, que la plume la plus habile ne pourroit tracer que ſuperficiellement, ſa flamme en étoit devenue beaucoup plus forte; il n'y avoit point de félicité qui fût égale à la mienne; pouvoit-elle toujours durer? Non; il eſt un Dieu biſarre occupé uniquement à troubler les plaiſirs de tous les Amans. Il en eſt ſi peu de conſtamment heureux, que l'on auroit peine à les réunir.

Le trouble, après quelque tems de ſuccès, vint mêler ſon fiel avec les douceurs de l'Amour; une cruelle deſtinée les

les traversa ; je me croyois au faîte de mon triomphe, étant au bord du précipice.

Un fatal événement me survint, lorsque je formois le dessein de quitter le Froc, & de fuir avec Madame de J... dans quelque Province étrangere, de nous y marier, & d'y choisir notre habitation.

J'avois déja pris des mesures en conséquence ; j'avois des habits prêts pour mon évasion chez un tailleur, auquel, pour ôter toute idée de stratagême, j'avois persuadé qu'ils étoient pour un de mes freres qui demeuroit en Province, de la même taille & de la même grosseur que moi; cet homme me crut sans peine, le fait étant très-commun.

Le renversement de mon dessein me mit dans un second embarras, duquel il fut heureusement facile de m'échaper. Il étoit question d'imaginer un prétexte pour m'en défaire. La mort de ce frere me servit de faux-fuyant.

Nous étions presque au port, lorsque la tempête arriva, qui nous submergea. Depuis ce cruel instant, ma vie a toujours été hérissée de disgraces, comme on le verra dans le courant de cette Hiſtoire.

Madame de J... avoit encore ſes pere & mere : leur demeure n'étoit point éloignée de la ſienne ; elle ne m'avoit point prévenu de leur exiſtance, ni qu'ils veilloient en ſecret à ſa conduite : ce qui fit que je pris moins de précautions pour couvrir mes démarches ; canal d'où ont coulé les traverſes que j'ai enduré avec elle.

Des voiſins mal officieux, cenſeurs attentifs à nos actions, ou ſa domeſtique (agente eſclave de l'intérêt) flattée par l'eſpoir de la récompenſe, médirent & calomnierent contre nous auprès de ſes parens; ils furent d'abord étonnés, ils la firent venir chez eux; elle s'y tranſporta. Jamais Madame de J.. ne fut plus ſtupéfaite que lorſqu'ils lui détaillerent une partie de ce qui ſe paſſoit entre elle & moi; ce détail fut couronné de la morale la plus ſévere, & de la cruelle défenſe de me recevoir davantage chez elle, ſans quoi ils ſeroient forcés d'avoir recours à la voye de la violence, pour arrêter un commerce qu'ils traiterent de criminel, & qu'ils auroient ſoin de veiller à ſa rupture : ce qui fut effectué.

Voilà la funeſte nouvelle que m'apprit Madame de J... la premiere fois que je fus la voir ; l'on ſe repréſente aiſément quel fut mon chagrin ; elle m'ajouta qu'il falloit me réſoudre à ne plus aller chez elle, ſa famille l'ayant menacée de la faire enfermer pour le reſte de ſes jours dans un Cloître, ſi elle continuoit à me parler ; le coup de foudre le plus terrible ne m'auroit pas été plus ſenſible.

Quoi de plus triſte pour un Amant auſſi tendre & auſſi paſſionné que moi ! ma douleur étoit incompréhenſible, mes yeux ne purent ſe refuſer à verſer quelques larmes ; je conſiderai que je perdois en pleurs un tems qui pouvoit être mieux employé ; je ſentis auſſi qu'il étoit honteux pour un homme de s'abandonner à de telles foibleſſes ; je ſongeai à trouver un moyen pour nous voir, ſans que ſes parens en ſçuſſent rien.

Après quelques minutes de réflexions, je me rappellai que je connoiſſois dans mon département une femme déja avancée en âge qui pouvoit me rendre ſervice dans cette occaſion ; je demandai auparavant à Madame de J... si son cœur ne répugneroit pas à entretenir le cours de nos amours dans une maison étrangere ; elle me répliqua qu'elle souscriroit à tout, plutôt que de rompre les nœuds qui nous lioient ; elle me promit une constance à toute épreuve, & moi je lui réïterai mille assurances de mon attachement.

Je pris congé d'elle, après l'avoir assurée que je lui envoyerois dans une lettre le résultat de ce que je ferois avec cette femme, qui se trouvoit justement dans la liste de mes Aumônieres ; je courus à mon exercice au ſortir de chez Madame de J... Je commencai par cette femme, que je nommerai Madame C.. à qui je voulois m'adreſſer pour me prêter les mains dans mon intrigue : elle n'étoit pas riche, ſon cœur étoit bon & compatiſſant pour les Amans malheureux ; j'étois preſque ſûr qu'elle ne me refuſeroit pas ce ſervice, ſous la promeſſe d'une petite rétribution.

Le quartier & la maiſon étoient commodes pour nous mettre à l'abri de la vigilance des pere & mere de celle que j'aimois : elle demeuroit dans une rue déſerte ; elle occupoit ſeule un logement fort étroit, & le reſte de cette maiſon n'étoit habitée que par des ouvriers, qui, dès que le jour paroiſſoit, couroient ſe livrer à leur travaux, & ne revenoient qu'avec les ténébres de la nuit : ainſi je ne redoutois aucune indiſcrétion. Il n'y avoit que les jours deſtinés à leur repos qui auroient pû m'inquiéter ; mais je les donnois à la Priere, fonctions qui me plaiſoient beaucoup moins que celle de l'office dont j'étois revêtu.

Dès que Madame C... me

vit, elle crut que je venois chercher l'impôt que nous mettons décemment sur les bourses; elle se disposoit à s'en acquitter: j'eus scrupule de le prélever; je lui dis que je ne venois point à ce sujet chez elle; qu'une affaire plus importante m'y amenoit, où elle pouvoit m'être d'une utilité infinie; que j'avois besoin d'un secours, dont je lui aurois, tant que je vivrois, les plus sincéres obligations, si elle me l'accordoit, & qu'elle pouvoit être assurée que je n'étois point assez ingrat, pour ne pas payer ce service ce qu'il vaudroit.

J'ajoutai même que si elle trouvoit bon, voyant qu'elle ne jouissoit pas d'une vie fort aisée, que je la soulageasse dans ses peines, je tirerois chaque fois sur mes aumônes une somme pour lui donner. Cette femme, dans son espéce, ne manquoit pas de générosité : elle me remercia, & me répliqua que la bonté de mon cœur pour elle lui tiendroit lieu de toute reconnoissance. Cette noble action me répondit de sa discrétion : c'est ce qui m'engagea à lui ouvrir mon cœur avec confiance.

Je ne lui cachai rien de

mon penchant pour Madame de J... je lui peignis combien son secours étoit nécessaire à mon bonheur ; j'accompagnai mes instances de tant d'onction, qu'elle ne put y résister, & elle souscrivit à mes intentions ; elle y joignit l'attestation d'un profond secret : jamais on n'éprouva une satisfaction plus parfaite que celle que je ressentis pour lors.

Il me tardoit fort d'informer Madame de J... du succès de mes démarches : je priai Madame C... de me donner du papier pour lui écrire, & elle m'en apporta. Je lui en fis le détail le plus court qu'il me fut possible ; je lui marquai le jour convenu pour nous y rendre ensemble. Je finis ma lettre par les sermens d'un attachement inviolable ; je lui témoignai le plus grand desir de la voir ; je lui recommandai fort de la déchirer aussi-tôt lecture prise, crainte qu'en la perdant, elle ne vînt à tomber entre les mains de quelque indiscret, qui pourroit nous engager dans une affaire extrêmement épineuse.

Je la remis entre les mains de Madame C... qui se chargea de la faire tenir par une personne dont la fidélité lui étoit connue ; je restai chez elle jusqu'à ce que le porteur fut de retour. Comme l'endroit n'étoit pas fort éloigné de la demeure de Madame de J... il ne fut pas long-tems à men apporter une d'elle, dont je fis sur le champ l'ouverture ; j'y appris la participation qu'elle prenoit à la réussite de mon projet, & qu'elle se rendroit exactement au jour & à l'heure que je lui assignois chez Madame C... Elle finissoit sa lettre par les protestations de la plus vive amitié. Je la repliai, & la conservai précieusement comme un tendre gage de ſon amour.

Je ſortis de chez Madame C... plus ſatisfait qu'un Héros couvert de lauriers, pour vaquer promptement à mes fonctions; je réparai bien-tôt le tems perdu. Je revins ſur le ſoir au Couvent, où j'étois toujours parfaitement reçu à cauſe de l'abondance que j'y apportois, malgré que je fiſſe ſéparément une petite pacotille pour me ſervir en cas de néceſſité. La précaution eſt bonne, & elle eſt de l'homme ſage; d'un autre côté je voulois prouver par un préſent conſidérable une reconnoiſſance à Madame C... d'un ſervice auſſi eſſentiel que celui qu'elle me rendoit.

Je comptois tous les inſtans, juſqu'à ce que je fus arrivé à l'heureux jour, où je devois aller cueillir le fruit de mes travaux entre les bras de Madame de J...

Il me ſurvint dans cet intervale une cataſtrophe, qui ne laiſſa pas que de m'inquiéter ſérieuſement.

Comme j'avois gardé la lettre de Madame J... je voulus la relire, & donner un tendre baiſer à ſon nom qui étoit au bas. Quelle fut ma ſurpriſe? Je fouillai dans mes poches où je l'avois miſe; je ne ne la trouvai point point ; je les renverſai les unes après les autres, je n'en fus pas plus ſoulagé ; je fis d'exactes perquiſitions dans toute ma chambre qui n'étoit pas fort ſpacieuſe. Je viſitai par tout avec attention, & mes recherches furent inutiles. J'étois dans une frayeur inconcevable, qu'elle ne fût perdue dans le couvent, & qu'elle n'eût tombé entre les mains de quelques Religieux ; je retins tous mes pas ; je n'en devins pas plus tranquille.

Une heureuſe circonſtance adouciſſoit mon chagrin ; c'eſt qu'il n'y avoit point d'adreſſe, de façon qu'on ne pouvoit ſçavoir poſitivement à qui elle appartenoit; cela me remit un peu de mon inquiétude : au ſurplus, j'étois réſous, en cas de plus grand accident, de la méconnoître & de la nier; c'eſt pourquoi je me gardai bien d'en faire des perquiſitions plus amples & plus ouvertes. Je fus même aſſez prudent pour n'en parler à aucun des Religieux, parce que ç'auroit été me faire connoître pour celui à qui elle s'adreſſoit, & je me ſerois par cette imprudence livré moi-même à mes Juges.

Pendant ce tems de trouble

pour moi, l'heure du rendez-vous que j'avois avec Madame de J... venoit à grands pas; cet inconvénient ne m'empêcha pas de m'y trouver : j'abandonnai mon ſort à la fortune.

L'heure fixée ſonna, j'y courus; elle m'avoit dévancé; je m'excuſai de mon retard le moins mal qu'il me fut poſſible; je ne lui en rapportai point la raiſon; j'aurois craint qu'elle n'eût apporté quelque diminution au plaiſir que nous devions gouter. Mille tendres embraſſemens, avant coureurs ordinaires de ceux que le ſentiment ſeul peut peindre parfaitement, furent donnés & rendus : j'entends ces plaisirs où se déploye en entier cette excessive tendresse, dont deux cœurs sont mutuellement pénétrés, qui met notre ame dans une agréable létargie, & qui de tous ceux de la terre est le plus expressif.

Tandis que j'étois occupé à m'enyvrer des douceurs de l'amour, ma lettre faisoit un vacarme affreux dans le Couvent. On tint Chapitre; jeunes Peres & Freres furent mis sans réserve à l'interrogatoire; comme tous innocens, ils furent renvoyés absous; il n'y avoit plus que moi dont on attendoit le retour pour être également interrogé.

Aussitôt ma rentrée, un vieux Religieux me fut député pour paroître devant la formidable assemblée; je voulus dissimuler mon effroi; mais il me couta à surmonter; l'épouvante me saisit tellement, qu'à peine ce Reverend Pere m'eût annoncé cet ordre, que je pensai tomber évanoui dans ma chambre. Je me contraignis cependant si bien devant ce Religieux, qu'il ne s'apperçut nullement de ma frayeur.

Je le suivis, mais en tremblant, bien déterminé à jurer que la lettre m'étoit inconnue, & qu'elle ne venoit point de moi : comme il n'y avoit point de témoin qui pût me contrarier, je fus plus hardi.

Je fis tous mes efforts pour répandre ſur ma perſonne un air d'aſſurance, dont le viſage de l'innocent eſt ordinairement couvert; mais à l'aſpect de la porte de cette funeſte ſalle, où m'attendoit cette effroyable troupe de Moines, une terreur panique ſe joignit à une fievre glaciale, qui manquerent de me dévoiler. Je ramaſſai de nouveau mes ſorces, & m'armai de courage, voyant qu'il s'agiſſoit de mon ſalut, ou de ma perte.

Je parus donc au pied de cet effrayant tribunal, d'où ſe lancent les foudres, avec l'air le mieux composé qui fût jamais; j'avançai, les yeux modeſtement attachés ſur la terre avec un pas timide & meſuré, que j'accompagnai d'une humilité & d'un reſpect que ſembloient exiger les perſonnes devant leſquelles je paroiſſois; en un mot, je me maſquai ſi adroitement, que l'on auroit pris mon front pour le trône où ſiégeoit l'innocence & la vertu ; l'on auroit crû à me voir que de tous les Saints canonisés dans la Légende Franciscale, il n'y en avoit point qui en eût été plus digne que moi : de sorte que ma phisionomie leur en imposa tellement au premier coup d'œil, qu'ils ne me firent aucune question, & me jugerent innocent sans m'avoir fait ouvrir seulement la bouche.

Il est inutile de dire quelles furent ma joie & ma satisfaction d'être hors des tourmens; il n'y a personne qui ne se les figure. Je retournai dans ma chambre, où je fus chanter secretement ma victoire.

Enfin ces Religieux ne pouvans venir à bout de découvrir celui à qui appartenoit cette lettre, prirent le parti d'abandonner leurs poursuites. La lettre fut déchirée, & le feu fut son tombeau : son sort m'inquiéta fort peu, étant trop ravi d'être à couvert des supplices qu'elle m'auroit causé.

Je ne racontai point cette particularité à Madame de J... elle n'auroit pas manqué de blâmer mon imprudence d'avoir gardé sa lettre. Cette avanture me servit de leçon pour la suite.

Comme nous avions fixé un

rendez-vous à trois jours ſuivans, j'eus ſoin d'être plus ponctuel, & nous répétames les ſenſibles démonſtrations de notre flamme.

Cet aimable commerce dura près de trois mois ſans aucune altération. Notre paſſion au lieu de s'éteindre, ne faiſoit qu'accroitre, le poids de ſon veuvage ne lui ſembla plus ſi onéreux ; je réparois très-bien, ſans trop de préſomption, la perte d'un époux, & je crois même que ſi un deſtin particulier l'eût rappellé du ſéjour des Ombres à celui de la lumiere, elle en eût été très-mortifiée.

Si j'avois le bonheur de ſatisfaire à ſon gré ſes vœux, Madame C... n'étoit pas moins contente de moi par mes généreuſes reconnoiſſances : la bourſe de la Communauté en ſouffroit un peu, mais à peine pouvoit-on s'en appercevoir.

Mon bonheur étoit trop immenſe, il ne pouvoit durer ; il fut interrompu pour toujours avec Madame de J... dans le moment que je m'en défiois le moins, & je fus obligé de renoncer à la voir.

Combien cette ſéparation m'a-t-elle couté de douleurs ? Que de larmes ne m'a-t-elle pas arraché ? J'oſe l'avouer, j'avois le cœur sensible. En second lieu la fâcheuse situation où elle me mettoit, ne pouvoit guere me permettre de les arrêter sans ingratitude: voici de quelle maniere elle arriva.

Madame de J... qui conservoit au-dedans d'elle-même un venin contre sa servante de notre premiere catasstrophe, l'en croyant la source primitive, voulu s'en venger.

Quelques jours après, elle lui ordonna de se retirer de sa maison; cette fille fut furieuse de cét ordre, & elle n'épargna rien pour perdre Madame de J... & la plonger dans les plus grands malheurs ; elle ne ſe doutoit pas qu'elle fût inſtruite de toutes ſes démarches ; c'eſt pourquoi elle crut devoir prendre moins de ménagemens avec elle ; mais elle n'en ignoroit malheureuſement aucune.

Il faut obſerver que cette fille avoit la confiance des parens de Madame de J... c'étoit par conſéquent une perſonne dont le ſervice ne pouvoit lui être que ſuſpect, & regardé comme une inſpectrice ſur ſes actions, pour en rendre compte à ſes pere & mere ; ce qui ne manqua pas.

Cette fille outrée du procédé de Madame de J... ne songea plus qu'à donner l'essor à son cœur, croyant par-là soulager infiniment son dépit ; & ne consultant que sa farouche animosité, elle courut aussi-tôt chez les parens de Madame de J... pour essayer de se venger, en répandant contre elle les médisances & les invectives les plus atroces ; enfin il n'y eut rien que l'on puisse imaginer de honteux qu'elle ne débitât contre elle : elle fut plus loin, elle offrit de soutenir en sa présence ce qu'elle leur avoit avancé.

Les parens de Madame de J... resterent immobiles, & furent confus à ces discours ; ils y ajouterent la foi la plus ferme, pensant qu'on ne pouvoit être ni assez fourbe, ni assez témeraire pour hazarder des faits aussi graves, sans être appuyés de la vérité.

Ces griefs joints à ceux qu'on leur avoit fait précédemment, & dont il est parlé plus haut, certifierent définitivement son dérangement; c'est pourquoi, sans exiger aucune justification d'elle, ils ne songerent qu'à suivre les mouvemens de leur colere, & à faire agir leur ressentiment.

Ils la condamnerent sans

l'entendre, & un Couvent fut le châtiment qui lui fut réservé. Ils la firent enlever pendant la nuit ; & à l'heure où regne une profonde paix, on la fit monter dans un carrosse: deux personnes qui lui servoient d'escorte, la conduisirent en son lieu de supplice.

Un jour que nous nous étions donné parole, je volai chez Madame C... où je croyois voir Madame de J... comme de coutume : Mais hélas ! au lieu d'elle, je n'y trouvai qu'une lettre qu'elle avoit été assez heureuse pour lui faire tenir, & dont elle lui enjoignoit de me faire part lorsqu'elle qu'elle me verroit. Madame C... me parut affligée en me la donnant, j'en frémis d'abord, ſans ſçavoir néanmoins ce qu'elle contenoit; mais il ſembloit que j'avois un ſecret preſſentiment du fatal événement que cette lettre alloit m'annoncer. Je l'ouvris : ce ne fut pas ſans une émotion de cœur qu'on ne peut bien peindre : je la lus avec attention.

Elle m'y marquoit le jour & l'heure de ſon enlevement, le lieu où ſes parens l'avoient fait mettre, la dureté de ſes fers, les regrets qui lui déchiroient le cœur de n'avoir plus d'eſpérance de me revoir, l'amour qu'elle promettoit de me conſerver juſqu'au dernier de ſes jours, & que les larmes, enfans des ſoupirs, arroſoient ſans ceſſe ſes liens.

Je voudrois pouvoir décrire tout ce que je reſſentis après avoir fait la lecture de cette lettre ; mais l'expreſſion me manque, & ce ſeroit conſommer un tems inutilement à dire des choſes que le Lecteur ſent mieux que je ne pourrois lui exprimer : c'eſt pour cette raiſon que je lui paſſerai ſous ſilence la ſurpriſe & toutes les douleurs dont cette nouvelle m'accabla. Ce détail d'ailleurs ne pourroit peut-être que l'ennuyer : tout ce que j'en dirai, c'eſt que cet événement me fit au fond des entrailles une révolution ſi conſidérable, que je fus pluſieurs jours dans une langueur étonnante.

Je n'étois cependant pas encore au comble de mon infortune : comme par le canal de Madame C... qui alloit voir Madame de J... dans ſon Couvent, à laquelle on ne permettoit de parler qu'aux perſonnes de ſon ſexe, j'avois la foible ſatisfaction, ou plutôt la douleur de m'entretenir avec elle par lettres.

Ce commerce fut tout à coup interrompu par une maladie que le bouleversement, de son enlevement, sa captivité, l'ennui de la vie qu'elle menoit & notre éloignement lui avoient occasionnée.

Madame C... qui avoit soin, pour m'obliger de s'aller informer tous les jours des progrès de sa maladie, n'en revenoit jamais qu'avec des nouvelles plus funestes, qui m'allarmoient également de plus en plus; mais la plus fatale, & qui mettoit le sceau à mes infortunes, n'étoit pas éloignée, je veux dire celle de sa mort, que cette femme m'apporta peu de tems après.

Je me livrai aussi-tôt, perdant tout souvenir de mon caractere, au désespoir & aux exclamations ; mes yeux se noyerent dans les larmes ; cette femme en mêla quelques-unes avec les miennes. Après que mon cœur eut donné amplement à son profond chagrin tout ce qu'il exigeoit, il revint dans une assiéte plus tranquille, & mes pleurs cesserent de couler.

La raison, cette douce consolatrice, vint me representer le ridicule & l'horreur de mes égaremens. Mille réflexions sur ma foiblesse se succéderent les unes aux autres ; j'en rougis, & là honte prit la place. Il étoit bien force de me contraindre, & d'enſevelir mes douleurs au fond de mon cœur, étant au moment où il me falloit aller à mon exercice ; je m'en acquittai ce jour là le mieux que la fâcheuſe circonſtance put me le permettre.

Je rentrai au Couvent : j'y cachai difficilement mon déſeſpoir ; je fus enſuite dans ma chambre. Là je m'abandonnai de nouveau à la ſenſibilité, & y verſai encore malgré moi des pleurs. Qu'eſt-il effectivement de plus douloureux que les maux que l'on éprouve dans une premiere inclination. Ils ſont toujours plus vifs & plus durables.

Il eſt certain que j'avois intérieurement une triſteſſe qui m'auroit peut-être conduit au tombeau, ſi la raiſon en partie, le tems, les diſſipations que mon emploi portoit avec lui, & l'amour que s'efforça de minſpirer une autre beauté, dont je vais faire un court récit, n'euſſent étouffé mon chagrin avec la mémoire de Madame de J...

Une femme de la premiere condition nommée la Marquiſe de... fût celle qui chaſſa le ſouvenir de mes premieres amours : elle étoit entre deux âges ; elle avoit de ces figures qui n'ont rien de frappant, & qui ſans l'éclat avantageux que donne l'art d'une riche parure, eût été peut-être beaucoup moins aimable. Elle n'avoit de remarquable qu'une taille heureuſe : de l'eſprit & beaucoup de graces dans ſon port, vertu inſéparable, pour l'ordinaire, des perſonnes de ce rang, lui méritoient quelques égards ; mais c'étoit une divinité pour un Frere Quêteur.

J'appercevois depuis quelque tems que la Marquiſe

de... trouvoit du plaiſir à me voir, lorſque j'allois chez elle chercher mon tribut. Le penchant que j'avois eu pour Madame de J... fermoit encore pour tout autre objet l'entrée dans mon cœur : auſſi n'avois-je fait juſqu'à ſa mort qu'une légere attention aux marques d'amitié de la Marquiſe de... qui enfin, ennuyée de me parler des yeux ſans recevoir de réponſes des miens, & piquée de mon indifférence, me déclara bruſquement ſa paſſion ; elle ne m'invita pas, mais elle m'ordonna, pour ainſi dire, de l'aimer. Elle crut que ç'auroit été trop faire, que de commencer vis-à-vis de moi par ces menus frais que l'Amour emploie avec tant de délicatesse pour amener par degrés un cœur à son but.

Cette singuliere déclaration m'étonna d'abord : je fus embarrassé, & ne sçus que répondre. Enfin après avoir réflechi un instant, mon esprit m'offrit une raison, qui en me servant de retraite, la mit dans l'attente d'un heureux avenir.

Je différai le bonheur de ma nouvelle captive, voulant auparavant qu'une tendresse mutuelle le préparât. D'un autre côté, la mémoire de

Madame de J... n'étoit point encore entierement effacée : je pensai que je serois le plus criminel de tous les hommes, si je devenois déja parjure de la fidélité que je lui avois tant de fois promise. Mille pensées puériles firent différer la satisfaction de la Marquise de... mais retard qui ne me fut accordé qu'avec assez de difficulté.

Je sens que l'on va blâmer ma conduite auprès de la Marquise de... & que l'héroïsme étoit mal placé dans un homme de mon genre. Je répliquerai à cela que je n'en étois pas le maître, mon cœur étant pénétré, quoique né ſous le chaume, de ces ſentimens qu'inſpire la nobleſſe: d'un autre côté l'inexpérience y entroit pour quelque choſe.

Je ſortis de chez la Marquiſe de... pour aller à mes occupations ordinaires, & à leur iſſue je me retirai dans ma cellule, lieu de mes réflexions. J'y conſidérai attentivement ma poſition; je ſentis que cette grandeur de ſentimens que je voulois faire briller pour Madame la Marquiſe de... n'étoit qu'un fantôme & une illuſion propre à rendre mes jours malheureux, tandis que l'amour m'en offroit d'heureux.

Je ne doutois point d'un côté, que si je résistois davantage à son penchant, elle feroit choix de quelque autre objet; d'un autre, la gloire d'être aimé d'une personne de ce rang, flattoit infiniment mon amour propre; tout cela joint ensemble combattoit furieusement ma délicatesse. Elle essaya de soutenir le choc; mais elle étoit trop foible, & l'honneur de la victoire ne fut point pour elle.

La passion regnant sur la pureté de mes sentimens, je ne songeai plus qu'à obéir aux vœux de la Marquise de... je pris en conséquence la résolution de payer de retour ſon penchant à la premiere entrevue, & de profiter des agrémens que me procuroit l'âge aimable où j'étois pour lors.

Je fus deux jours après chez la Marquiſe de... dans l'intention de mieux en agir avec elle, que je n'avois fait juſqu'à ce moment. Je mis plus d'art dans toute ma parure, & fis entrer quelques grains de galanterie dans mes manieres; elle ne fut pas tardive à s'en appercevoir & à connoître leur point fixe; mon mérite augmenta à ſes yeux; ſes deſirs accrurent également.

Comme elle ſentoit bien que mon reſpect pour ſa naiſſance, & mon état, m'exemptoient de livrer le premier l'attaque, elle me prévint ; & à peine fus-je aſſiégé, que je capitulai, trouvant plus de lauriers dans la défaite que dans la victoire ; l'or joignit ſont éclat aux attraits de l'Amour.

Je coulai pluſieurs mois dans les charmes de cette vie délicieuſe ; je paſſe, pour éviter ces deſcriptions qui ne ſervent qu'à prolonger une Hiſtoire, à des événemens plus intéreſſans.

La Marquiſe de... paroiſſoit m'aimer, je commençois auſſi à la chérir, lorſque le trouble vint diminuer par ſon amertume la douceur de mes jours.

J'allois très-ſouvent chez elle : j'y reſtois quelquefois des heures entieres ; cette aſſiduité donna jour aux ſoupçons parmi ſes gens : ils y furent attentifs ; & ſe doutans de notre intrigue, leur indiſcrétion ne tarda pas à en inſtruire ceux de M. le Marquis de... ſon mari ; (on ſçait qu'il n'eſt rien de ſi indiſcret que cette eſpece d'hommes.) Ce doute ſe confia de part & d'autre, & vola bientôt aux oreilles

oreilles de leur Maître.

Cette indiſcrétion me mit à deux doigts de ma perte. M. le Marquis de ... chargea ſecrettement un de ſes laquais de me guetter lorſque je viendrois chez ſon épouſe, & de l'avertir auſſi-tôt.

Je fus à l'ordinaire chez Madame la Marquiſe de ... elle me reçut avec les mêmes tranſports d'amitié. Le ſentinelle que ſon mari avoit poſté ſur mon paſſage, me vit entrer ; ne ſoupçonnant point que ce laquais étoit placé là à deſſein, je continuai ma route chez la Marquiſe de ... Il fut ſur le champ annoncer à ſon Maître mon arrivée, qui mit, à propos pour moi, un intervalle pour venir dans l'appartement de Madame la Marquiſe de ... comptant nous ſurprendre à ſon ſouhait.

Il ſe préſenta peut-être un demi quart d'heure après à la porte de l'appartement où nous étions ; il en tourna la clef avec précipitation ; il la pouſſa vivement, elle ne s'ouvrit point. Nous avions eu heureuſement la précaution de nous mettre à l'abri de la ſurpriſe. Il faiſoit un vacarme affreux à cette porte : Madame la Marquiſe n'y fut point ſur le champ, afin de me donner le tems de m'eſquiver.

Monſieur le Marquis de... appella ſes laquais pour enfoncer la porte ; pendant ce tems j'ouvris promptement la fenêtre qui donnoit ſur le jardin, & je la franchis : elle n'étoit pas élevée ; mais elle l'auroit été davantage, que je n'aurois pas plus héſité. Je gagnai en diligence une porte dérobée qui aboutiſſoit dans une rue déſerte, & je m'échappai ſans être vû de perſonne. Je laiſſai Madame la Marquiſe de... au milieu de la tempête, & je ſouhaitai intérieurement qu'elle s'en tirât avec ſuccès.

Ma joie équivaloit au moins le péril auquel je m'étois souſtrait. Pouvoit-on un pas plus épineux? Je m'éloignai promptement du quartier de la Marquiſe, & je fus aux fonctions de ma charge.

Je n'eus plus envie après cette cataſtrophe de former de ſemblables amours : les dangers qui les environnent furent par la ſuite des digues que je ne voulus plus eſſayer de renverſer ; j'en fis ſerment, & je le tins ; mais en fuyant un précipice, un autre beaucoup plus profond étoit ſous mes pieds, où je devois bientôt périr.

La Marquiſe de ... quelques jours après notre infortune, me fit tenir une lettre, dans laquelle elle me marquoit qu'elle étoit ſur le point de ſe ſéparer d'avec ſon mari, pour ſe réfugier dans un Cloître. Je fus ſenſible à cette nouvelle, étant la cauſe de ce divorce ; je lui fis une réponſe qui fut pour jamais la rupture de nos amours.

Rien ne parvint heureuſement de ces aventures dans mon Couvent ; mais le Ciel m'en réſervoit une derniere qui devoit mettre le faîte à mes infortunes.

Quelques tems peut-être

après ma ſéparation d'avec Madame la Marquiſe de... une jeune beauté villageoiſe me captiva ; je croyois cependant avant la naiſſance de cette intrigue, que le tribut que mon cœur devoit à l'Amour étoit payé entierement ; d'ailleurs les diſgraces que j'avois éprouvées dans mes autres intrigues m'avoient en quelque façon dégouté de ſes douceurs ; mais ce n'étoit qu'un dégoût léger qui devoit bien-tôt ſe paſſer. Si l'Amour échappe un objet, il le remet bien-tôt dans ſes lacs ; ſes maux effraient, ſes plaiſirs enchantent & les derniers dominent toujours ſur le cœur de l'homme : l'exemple journalier en est la preuve. Je m'éloigne du cours de mon récit, j'y reviens.

Je sentois bien que tant que je resterois dans ma charge de Frere Quêteur, je rencontrerois encore quelque Nimphe qui me metteroit dans ses fers, & que jamais cette tranquille paix, dont jouit un cœur dégagé de tout attachement, ne regneroit dans le mien.

Une jeune Paysanne d'un des cantons de la Champagne, fertiles en beautés, dont l'air étudié de la ville avoit corrigé la rustique simplicité, arrêta mes regards : elle touchoit à peine à sa dix-huitieme année ; âge fleurissant, âge adorable, âge fait pour charmer tous les cœurs ; elle étoit faite à ravir, d'un minois charmant, d'humeur folle, & d'une aimable vivacité, tout enchantoit dans sa figure, c'étoit le vrai portrait de l'Amour. Le souvenir que je m'en rappelle pour faire son tableau ranime ma flamme.

J'en devins infiniment épris. Quel homme ne l'auroit pas été ! Le sage Caton s'y seroit laissé prendre avec toute sa vertu. Je ne sçavois par quelle voye lui annoncer les troubles de mon cœur. Je craignois mille choſes : faire parler les yeux, eût été un langage muet auprès de Clarice, qui eſt le nom de cette jeune beauté. Mes feux augmentoient tous les jours, ils me preſſoient vivement ; mon cœur chercha enfin à ſe ſoulager, & voici le ſentier que l'Amour me traça pour lui découvrir ma flamme.

Il faut obſerver que Clarice ſervoit deux époux, dont l'âge pouvoit être au milieu de ſa courſe ordinaire, & qu'il étoit très-facile de lui parler, étant preſque toujours ſeule.

Je risquai un jour un mot de tendresse ; un autre jour deux, enfin je parvins ainsi par degrés à lui exprimer en détail mon penchant, & à embraser ce jeune cœur, sans qu'elle se méfiât de mon projet ; mais le serpent se cachoit sous les roses.

Lorsque sa passion fut au point que je la desirois, je continuai mon chemin plus loin : un rendez-vous que je lui demandai pour lui parler de mon amour, arriva à la file ; elle balança d'abord, & une aimable rougeur, enfant de la pudeur, couvrit ses joues : je la priai, elle résista ; je redoublai mes inſtances ; je couvris mes démarches du voile de l'innocence ; ſa ſageſſe combattit encore, mais foiblement, & elle fut contrainte de céder à ſa foibleſſe ; elle conſentit au rendez-vous, il fut fixé pour deux jours après.

Je ne parle plus des fonctions de ma charge, parce qu'on ſent bien que ce n'étoit que dans ces occaſions que je pouvois la voir.

Je fus charmé de ma réuſſite : je me félicitai de ma nouvelle conquête ; elle auroit effacé dans ſes habillemens champêtres, par ſes attraits, ſes graces & ſa jeuneſſe toutes les Marquiſes de l'univers. La ſimplicité qui compoſoit ſeule ſa parure, me flattoit mille fois plus que celles préparées par les mains de l'art, dont ſont chargées par état ces femmes de la premiere condition. Il faut convenir que l'une fut toujours plus ſéduiſante que l'autre.

Quand je la voyois, elle me retraçoit dans ſa perſonne l'agréable peinture de l'état & de l'ajuſtement de mes Peres. Je fus auſſi plus vivement enflammé, que je ne l'avois été juſqu'à ce jour.

Je n'eus garde de manquer au rendez-vous que j'avois obtenu de l'innocente Clarice ; il n'y fut plus queſtion ce jour-là que de l'amoureuſe ſituation de nos cœurs.

Enfin, après pluſieurs entrevûes ſecrettes, dont il eſt inutile de rapporter tout ce qui s'y dit de tendre, je ménageai ſi à propos ma conduite, que je l'amenai ſucceſſivement à cet inſtant fortuné, où le fils de Venus, devenant ſeul maître de ſon cœur, ſubjugua ſon innocence : d'aimables pleurs vinrent enſuite arroſer ſa défaite, & augmenter les douceurs de ma victoire. De tous les plaiſirs de la terre, en eſt-il de plus exquis que ceux que je cueillis ce jour-là entre les bras de la chaſte Clarice. Mais ſi les délices que je goutai pendant mes amours avec elle étoient grands, les maux qui les ſuivirent ne furent pas moins cuiſans : c'eſt l'ordinaire, l'amour cache ſous ſes fleurs les épines.

Ce jour délectable fut répété le plus ſouvent qu'il nous fut poſſible. Nos amours furent aſſez longtems heureux ; mais le papillon tourne tant autour de la lumiere, qu'enfin il y périt. La conſtance de ma félicité me ſurprenoit, ayant été le plus malheureux de tous les hommes dans mes intrigues précédentes.

Je commencois à en triompher, lorſque la plus terrible & la derniere de mes traverſes eſt ſurvenue, qui a interrompu le cours des beaux jours, dont je jouiſſois ſous les loix de Clarice; elle fut la ſépulture de mes amours, & je ne fus plus à même d'en contracter d'autres par la ſuite. Ce revers a comblé mes malheurs, & m'a fait verſer un torrent de larmes : voici ſon origine.

Un de mes tributaires me pria d'une Fête qu'il donnoit à ſes amis: je l'acceptai de bon cœur; je fus un des premiers aſſiſtans. La ſociété étoit composée d'une jeuneſſe fort enjouée : les plaiſirs de la table s'échaufferent ; le Dieu qui préſide aux vendanges fut un des mieux ſervis ; je ne comptois point les heures dans un paſſe-tems ſi doux ; elles me ſembloient diſparoître auſſi rapidement que l'éclair. Je me laiſſai ſurprendre par les attraits de ce Dieu.

Je voulus me retirer dans mon Couvent, penſant que l'heure de la retraite s'approchoit ; mais elle étoit déja éloignée. Je fus inquiet : à cette inquiétude s'en joignit une autre ; mes fonctions ordinaires furent oubliées. J'avois un remede à ce mal : quelque

quelque argent que je portois ſur moi y auroit parfaitement ſuppléé ; je m'échappai de cette joyeuſe aſſemblée, & je volai en mon Couvent.

Mon déſeſpoir ne fut pas médiocre : j'y trouvai toutes les portes fermées ; je ne voulus point frapper pour m'éviter une réprimande ; je me flattai qu'on ne s'appercevroit peut-être pas de mon abſence, le Supérieur n'étant pas fort exact à faire des viſites nocturnes, parce qu'il faiſoit lui-même fort ſouvent des éclipſes, ou que ſon repos l'intéreſſoit davantage.

Chagrin, embaraſſé, & ne

ſçachant que devenir, ni où me réfugier, je me décidai pour aller demander l'hoſpitalité à mon aimable Clarice, dont le cœur étoit tendre & ſerviable.

Je tournai en conſéquence mes pas du côté de la rue où elle demeuroit ; j'y arrivai, je paſſai en ſon logement ; je la trouvai ſeule ; je me remis de mon chagrin.

Perſonne ne fut jamais ſi ſurpris qu'elle de me voir à pareille heure. Elle fut curieuſe de ſçavoir pour quoi je n'étois pas dans mon Couvent ; je ſatisfis ſa curioſité en lui racontant en peu de mots mon aventure. Elle en eut pitié, & elle m'accorda avec un cœur admirable le ſervice que je lui demandai.

Le tems étoit preſſant : elle avoit une crainte étonnante que ſes Maîtres ne vinſſent à rentrer dans ces entrefaites, étant l'heure habituelle de leur retour : c'eſt pourquoi nous ne pumes tenir une longue converſation. Elle me confia promptement la clef de ſa chambre, & j'y courus.

Le tout alloit juſques-là à ſouhaits : j'étois plus content qu'un mortel, que la fortune auroit élevé au plus haut de ſa roue ; mon cœur ſe perdoit dans des ravissemens inconcevables de me voir si généreusement secouru par celle que j'adorois, tandis que la foudre étoit prête de m'écraser. Je me jettai presque tout habillé sur son lit, ne m'étant défait que du plus gênant. Le sommeil vint aussi-tôt verser ses pavots sur mes yeux.

Une femme de cette maison me vit monter dans le dortoir de la charmante Clarice; je ne sçais par où ni comment; pour moi je ne l'apperçus point. Elle garda le silence le plus profond, crainte de perdre le plaisir de me plonger dans le plus cruel embarras : personne de plus discret qu'une femme, lorsque le mal dépend de sa discrétion.

A peine les Maîtres de Clarice furent-ils de retour, que cette femme vola satisfaire son cœur. Ils se transporterent sur le champ à la porte de la chambre où j'étois scrupuleusement enfermé, & l'enfoncerent.

Je me réveillai au bruit d'un fracas terrible ; tous les gens de la maison y accoururent. Je ne pourrois jamais rendre l'effroi, où je fus à l'aspect de cette troupe de témoins de mon crime : mon visage changea plus de cent fois de couleur dans un inſtant. La mort m'eût enlevé dans cette cruelle circonſtance, qu'elle m'auroit fait plaiſir. Je l'appellai à mon ſecours ; elle fut ſourde à mes cris. Il n'eſt perſonne qui ne ſe faſſe une juſte idée de mon trouble.

Mes yeux chercherent de tous côtés un paſſage, afin de me dérober à la vue de cette cohuë qui m'environnoit ; il n'y avoit pas moyen de pouvoir s'évader ; ils apperçurent tant de monde, qu'ils s'en figurerent la haye impénétrable : d'ailleurs j'étois ſans chauſſure, & mon corps dépouillé d'une partie de ſes vêtemens : de ſorte que mon évaſion étoit phiſiquement impoſſible.

On voulut augmenter ma honte & ma douleur par la preſence de Clarice, en la faiſant paroître devant moi ; mais pendant qu'on me tenoit priſonnier dans ſa chambre, elle avoit heureuſement pris la fuite.

On députa dans mon Couvent un des ſpectateurs, pour inſtruire le Supérieur de mon crime ; il vint avec le député, eſcorté de deux Freres les plus robuſtes.

Ils arriverent ; ils parurent : une nouvelle frayeur me ſaiſit ;

chacun ſe retira ; on me livra entre leurs mains, comme un criminel entre celles de ſes bourreaux, & je devins la victime de leur tyrannie.

Ils s'emparerent charitablement de moi, me garrotterent & me traînerent en mon lieu de ſupplice, je veux dire dans le Couvent.

Je tentai d'abord quelque réſiſtance ; mais ils me maltraiterent ſi vivement, que je fus obligé de céder à leurs violences.

Pour ſurcroît de maux, une multitude de perſonnes me ſuivit juſqu'à ma rentrée dans le Couvent ; enſuite on me logea dans un endroit bâti par l'horreur & la férocité des hommes, dont le ſouvenir ſeul me fait frémir.

Je fus lié après une colomne de pierre qui ſoutient la voute de cet odieux réduit : je fus mis preſque auſſi nud que ſi j'allois paſſer une ſeconde fois par les eaux du Baptême, puis la charité s'exerça de ſon mieux, & des mains de fer déployerent toute leur vigueur ſur mon corps qui fut bien-tôt tout couvert de ſang. Je fus maltraité, & ſouffris peut-être plus qu'un criminel qui expire ſur la rouë.

J'eus beau crier, baigner leurs mains de mes pleurs, gémir & implorer leur clémence. Que dis-je! En est-il parmi ces ames barbares & pleines de vengeance? Ils furent inflexibles.

Enfin me voyans prêt à rendre les derniers soupirs, leur fureur s'arrêta; je fus délié; je tombai aussi-tôt comme mort: accablé par la force des coups, la foiblesse & la douleur, je crus toucher aux bornes de ma vie.

Je revins quelque tems après de mon évanouissement sans aucun secours; je me trouvai à mon réveil ſeul, ils m'avoient abandonné à la volonté de ma deſtinée. Ils n'oſerent me donner la mort; mais ils me la ſouhaiterent. Que l'on reconnoiſſe à ce trait l'inhumanité des Cloîtres.

Je payai là chérement tous les plaiſirs que j'avois goûté dans les heureux jours de ma liberté. Que je regrettai de fois dans ce lieu plein d'horreurs les agrémens des jours innocens que j'avois coulé ſous l'aimable tutelle de mes Peres? Que j'ai maudit le funeſte moment où m'eſt venu la penſée de quitter la tranquillité d'une vie champêtre? Mille triſtes repentirs rendoient mon ſort encore plus dur. Que j'ai de fois mouillé mes chaînes de larmes, & que j'ai deſiré de briſer mes nœuds auſſi facilement que je les avois formé?

Le Cloître eſt un pays où chaque vice a établi ſon empire : la vengeance, la jalouſie, l'ambition, la vanité, la molleſſe & l'oiſiveté y regnent tour à tour. Depuis long-tems la vertu n'y fait plus entendre les aimables ſons de ſa voix.

Le poids de mes années, & une infirmité cauſée par la

longueur & la dureté de ma prison me mettant hors d'état de pouvoir en soutenir davantage le fardeau me procurerent mon élargissement.

L'enceinte du Couvent fut les limites de ma liberté : quelques étroites qu'elles furent encore, j'en fus enchanté. La joye, de revoir une lumiere pure, & de respirer un air sain, raffermit ma santé ; j'attribuai aussi aux services que j'avois rendus à la Communauté pendant mon séjour dans mon emploi de Quêteur le sujet de mon élargissement ; c'est depuis ce tems que, mon esprit hors d'inquiétude, je me ſuis occupé en ſecret à écrire ma vie, pour en faire part au Public, méritant ſon attention.

FIN.

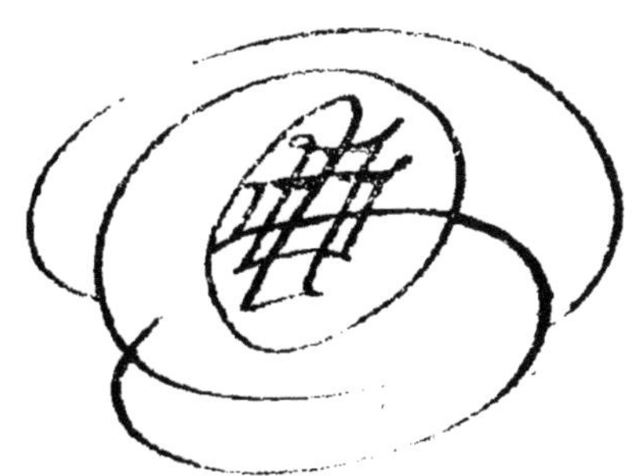

www.ingramcontent.com/pod-product-compliance
Ingram Content Group UK Ltd.
Pitfield, Milton Keynes, MK11 3LW, UK
UKHW021059260726
13994UKWH00002B/596

9 782329 370026